~ Dagboek van Ida Roosendaal ~

Dagboek van Ida Roosendaal

(september 1944 – juni 1945)

Verslag van een verpleegkundige aan wie de zorg voor
ouderen nabij het oorlogsfront was toevertrouwd.
Persoonlijk relaas over gevaar, evacuaties en haast
onmenselijke werkdruk en spanning.

Transscriptie en onderzoek: Jan F. Bouman, Zeist
Foto op de voorkant is van Kasteel Hemmen rond 1935
Foto op de achterkant is genomen op 13 november 1943 in Drachten

Opgedragen aan Gea Wolters (†2002)

ISBN 978-90-817103-3-6

NUR 402

© 2013, 2014
Uitgever: Jan F. Bouman
jan.bouman@xs4all.nl

2e druk

Inhoud

Voorwoord en inleiding

Anna Ida Roosendaal (roepnaam *Ida* of *Ied*) was in september 1944 verpleegkundige in een verzorgingshuis voor ouden van dagen, dat gevestigd was in het kasteel van Hemmen, een dorp in de Betuwe, Gelderland. Zij was daar vanaf 7 september 1944 gedetacheerd vanuit het Provinciaal Bureau Verzorging Oorlogsslachtoffers.

In die dagen was het zuiden van Nederland bevrijd door de geallieerden terwijl het noorden nog bezet was door de Duitsers. Het dorp Hemmen lag aan het front. Op 17 september 1944 probeerden de geallieerden met een grootschalig luchtlandingsoffensief (slag om Arnhem), onderdeel van operatie Market Garden, een doorbraak naar het noorden van Nederland te forceren. Dat mislukte en Noord-Nederland werd pas in het voorjaar van 1945 bevrijd.

Het dagboek van Ida Roosendaal begint op 17 september 1944, de dag van de luchtlandingen. Zij is dan 33 jaar oud. Kasteel Hemmen, het huis waar ze woont en werkt, komt in de eerste dagen van het dagboek in geallieerde handen maar de Duitsers blijven dicht bij. Granaten komen overal neer en kogels vliegen haar om de oren. Aanvankelijk geeft ze blijk van opwinding over de luchtlandingen waarvan ze ooggetuige is. Al gauw wordt ze overspoeld door de zorg voor de aan haar toevertrouwde 'oudjes' en de enorme werkdruk en spanning die dit met zich mee brengt. Er volgen zenuwslopende evacuaties. Ook onzekerheid over het lot van haar familie ten noorden van de frontlinie knaagt aan haar. Ze belandt in Eindhoven en tenslotte in Tilburg waar ze uiteindelijk instort en in een diepe depressie raakt. Zo zelfs dat de bevrijding van heel Nederland in mei 1945 slechts een aantekening in de marge is. De laatste vermelding in Ida's dagboek is van 9 juni 1945.

Ida werd geboren op 20 april 1911 te Den Helder en zij overleed op 16 juni 1995 te Zeist. Na de oorlog hervond zij zichzelf en maakte carrière als directrice van verschillende instellingen voor ouderenzorg. Vanaf de jaren zestig woonde zij samen met Geertje (Gea) Wolters die in 2002 overleed.

De tekst van Ida's dagboek is vrijwel letterlijk overgenomen. Daar waar de bedoeling van Ida volstrekt duidelijk is, zijn enkele verschrijvingen en taalfouten gecorrigeerd. De meeste verslagen zijn niet op de dag zelf geschreven, maar enkele dagen en soms enkele weken daarna. Ook kloppen sommige datumvermeldingen van Ida niet (links van de tekst). Dit is vastgesteld met behulp van gegevens uit de burgerlijke stand (overleden personen) en uit historische archieven (belangrijke gebeurtenissen). Als daar aanleiding toe is, is een gereconstrueerde datum tussen haakjes bijgevoegd.

Zeist, 6 oktober 2013
Jan F. Bouman

Het dagboek

Hemmen, De Betuwe, 1944

17 September	De dag begon onrustig. Even voor half elf vielen er alom bommen. Later hoorden we dat ze op Wageningen, Velp en Arnhem vielen. Om één uur kwamen de eerste bommenwerpers over of beter – zware machines die aan een kabel een zogenaamd zweefvliegtuig meevoerden. Alles kwam over onze voorplaats, laag, enkelen wuifden. Het duurde even. De machines kwamen onmiddellijk terug. Wij waren nieuwsgierig waar de zweefvliegtuigen bleven. Aan de uiterste punt van het terrein, aan de Linge, zagen we dat ze losgelaten werden en keurig daalden, ongeveer richting Deelen. Toen kwamen er geweldige transportvliegtuigen, grote monsters die parachutisten uitlieten, ongeveer op de zelfde plaats. Eerst witte, toen oranje. 't Was een fantastisch gezicht en daar het helder weer was konden we het goed zien.
18 September	18 September 's middags om half vier een nieuwe lading met minder gunstig verloop. Duitse jagers waren in de lucht die er als haviken op los vlogen. Men haalde dan eenvoudig de zweef los, op hoop van zegen. De zweefvliegtuigen maakten de beste kans. Achter ons terrein kwamen er drie goed neer. Verderop vielen er negen waar veel

parachutisten bij om kwamen. Op de vluchtheuvel werden er 15 begraven. De zweefvliegtuigen die gebouwd zijn van triplexhout, bevatten van alles. Vijf man, machine onderdelen, fietsen, auto's, munitie en levensmiddelen in blik. Na een poos werd alles opgehaald.

19 September

Weer kwam er een en ander over, maar niet zulke grote formaties, het scheen nu alles voorzichtiger te gaan. Er wordt in de omtrek hard gevochten en 's avonds waren er grote branden te zien in de richting Nijmegen – Arnhem – Wageningen. Van overal kwamen ontstellende berichten, niet altijd even juist. Zo hebben we ons dit gedacht: Als de Duitsers er uit gevochten moeten worden dan kost het ons het halve land en vallen er massa's slachtoffers.

23 September

Vanmiddag iets fantastisch. Een formatie Engelse jagers die in een duikvlucht de Wageningse Berg en het station bestookte. Ik was op weg naar Zetten en zag ze duiken. Ik stond op het hek van een schooltuin. Het Duitse afweer blafte aan één stuk door, lawaai als een oordeel. Een Engels toestel werd neergeschoten, een parachutist sprong er uit. Of hij goed neerkwam? Het toestel kwam brandend achter Klein Hemmen[1] terecht. Af en toe zeggen we tegen elkaar: We leven nog!

---

[1] Klein Hemmen: bijgebouw van Kasteel Hemmen.

24 September	Tanks kwamen binnenrollen, vrachtauto's met Tommy's.[2] Plots waren de Duitsers verdwenen en hadden we de Engelsen. We zijn vrij, niet te geloven. 100 Duitsers die achter station Zetten-Andelst zaten, hebben zich hard verdedigd. 95 sneuvelden, vier gaven zich over, de laatste wilde dit niet en liet zich doodschieten. De boomgaarden staan vol tanks, we vinden het maar zo zo.
24-25 September	Ik ben in de wacht, werd om twee uur opgeschrikt door hevig gerammel aan de voordeur. Hr. en Mevr. Baxks uit Randwijk. Er moest à la minute ontruimd worden omdat er een grote slag met de Duitsers werd verwacht. 't Zag er lelijk uit. Alle zieken lagen sinds een week in de bestuurskamer maar nu moesten ook de hulpbehoevenden naar beneden. Verder sjouwden we alle overtollige matrassen naar de kelder en namen nog allerlei voorzorgsmaat-regelen. Er gebeurde gelukkig niets. Alles bleef die nacht rustig.
25-26 September	Een nacht vol verschrikkingen. Eerst een lichtkogel, waardoor de hele omtrek prachtig verlicht was. Er snorde een vliegtuig, maar geen bommen. Toen alles donker. Plots alles in een rood licht, een ontzettende knal, en vliegtuig viel brandend achter Bakker, een paard en een koe dood. De staf stond op. We besloten de oudjes te laten liggen, de meesten sliepen door alles heen. Ik deed

---

[2] De Tommy's was in die tijd een aanduiding voor de Engelsen.

een paar extra ronden. We herademden wat, toen begon er achter Zetten een geschiet en gedonder, het was niet leuk meer. Kogels floten over, overal vuurflitsen, het geheel leek een enorm gevecht dat de gehele nacht duurde. 's Morgens hoorden we dat de Engelsen een brug sloegen over de Rijn bij Driel en dit deden onder bescherming van eigen spervuur van deze kant. Brrr.

26 September

't Is de hele morgen druk geweest, zodat ik niet kon slapen. Na één uur was het stil, de zaak is zeker gaan eten en ik ga slapen. Dit is nu oorlog, we zitten er midden in. We weten niet of en hoe we hier uit komen. Is dat zo belangrijk? Ik geloof het niet, maar we willen toch erg graag het einde van dit alles meemaken wat dan het nieuwe begin is. Sinds 17 September zitten we zonder electriciteit. Er wordt op kookpotten en een fornuis gekookt. Juffr. v.d. Heuvell legde beslag op een paar miniatuur petroleumlampjes met wit porceleinen kapjes. Iets voor de lappenkamer. Het spaart kaarsen en voor de wachtzuster is er een vrij grote lamp. Maar de olie raakt op. Het water werd electrisch opgepompt, nu moeten we het buiten pompen en naar boven sjouwen. Een heel werk maar Robbers[3] is enig. We krijgen veel melk en dank zij Iep en Ruurd,[4] boerendochters, wordt er boter

---

[3] Wisselend gespeld: 'Robbers' en 'Robberts'. In de transscriptie van dit dagboek wordt 'Robbers' aangehouden (een in de omgeving voorkomende naam).
[4] Tijdens het onderzoek rond dit dagboek is een ansichtkaart uit 1942 gevonden, met een afbeelding van Kasteel Hemmen, gestuurd door Ruurdje en gericht aan Mej. R. Vries te Westergeest (Fr).

en kaas gemaakt. Een zegen want er komt niets aan. 't Is geweldig om de Tommy's te zien, ze zien er fris en sportief uit en eten dingen die wij alleen nog maar van name kennen. Ik ga er dagelijks op uit om petroleum te vragen. Kom dan meestal met cigaretten thuis. Ook kreeg ik zeep en een blikje thee die ongelooflijk lekker is, vooral na al dat surrogaat. We kregen nog een logé, Hr. IJzerman,[5] de ex-burgemeester van Wageningen die hier de bevrijding afwacht om dan weer naar Wageningen over te wippen. Wanneer?

1 October

't Is weer Zondag. 't Was een week van zenuwslopende gebeurtenissen. Er vielen granaten op Zetten en Hemmen. Een voltreffer op de pastorie van Heldring,[6] een kleine jongen dood, een Engelse soldaat zwaar gewond. Een granaat viel tegenover Aalbers, twee jochies gedood, enkelen zwaar gewond. Een granaat viel op het huis van Bulte, vlak bij ds. Norel.[7] De oudjes zaten in de kelder en kwamen er goed af maar het huis is iets lugubers geworden. Niets bleef echt heel, niets was voor 100% vernield. Een vernielende hand

[5] Mr. Mattheus Johannes IJzerman was in de perioden 1938-1943 en 1946-1947 burgemeester van Wageningen.
[6] De Ottho Gerhard Heldringstichting werd opgericht door Ottho Gerhard Heldring (Zevenaar, 17 mei 1804 – Mariënbad, Oostenrijk-Hongarije, 11 juli 1876). Hij was bezorgd om de mensen die het moeilijk hadden. In 1848 richtte hij de eerste instelling op voor opvang van jonge vrouwen die ongewenst zwanger waren. De kinderen van deze vrouwen werden opgevoed en kregen onderwijs. Er werden ook jongeren opgevangen die zich vanwege hun gedrag en psychische problemen niet in de samenleving staande konden houden. Bron: Ottho Gerhard Heldringstichting.
[7] Ds. Joh. Okke Norel, Harlingen 14-7-1882 – Leiden 23-3-1959. Van 1939 tot zijn emeritaat in 1948 predikant te Hemmen. Echtgenoot van schrijfster Aukje Norel-Straatsma. Ds. Norel gaf in het kasteel te Hemmen leiding aan het vormingswerk waarmee zijn voorganger Blaauw was begonnen. Bron: Biografisch lexicon voor de geschiedenis van het Nederlands protestantisme.

ging rond, overal gaten en deuken. Er ontploften een paar in de moestuin en bij de boerderij van Bakker. Ik ben blij dat we het erg druk hebben, er is geen tijd om na te denken of er bij stil te staan. Ik ben erg bang, komt o.a. door de lange wachten (van negen tot acht) en veel te weinig slaap. 's Nachts ga ik koffie drinken en een praatje maken bij v.d. Heuvell. Ze is direct wakker als er onraad in de lucht is en het kalmeert me. De bestuurskamer is óók niet meer veilig, een granaatscherf vloog door het raam, ketste tegen de stalen deur af. Nu liggen de patiënten op het kantoor waar het veiliger is (lijkt). Ds. Finkensieper[8] kwam met z'n gezin. Mevrouw verwacht dezer dagen een baby. Met nog een familie slapen ze in de mangelkamer, 15 personen. Ze vertrokken na drie dagen, vonden het niet veilig hier, maar waar is 't wel veilig?

4 October

Ik ben uit de wacht, gelukkig. Tijd voor vrije dagen is er niet. Ik ben er blij om, al ben ik doodmoe, ook al door de spanning. Het krioelt hier van de Engelsen met al wat er bij een leger hoort. De bewoners van twee huisjes achter de smidse vragen onderdak, nu is de mangelkamer weer bewoond door acht personen. Vannacht knetterde voortdurend afweergeschut, alles dreunde en rammelde. Randwijk is voor een groot deel verwoest, Heteren is ook al zwaar beschadigd. De gehele week kwamen hier vluchtelingen, we brachten

---

[8] Ds. Karl Otto Finkensieper. Krefeld (D) 8-11-1905 – Zetten 9-11-1960. Van 1939 tot zijn overlijden in 1960 predikant te Zetten en directeur van de Heldringstichtingen. Bron: Biografisch lexicon voor de geschiedenis van het Nederlands protestantisme.

er 30 in 't Kasteel en 14 in het logeergebouw onder en er wordt voor 80 vluchtelingen die in de school, bij van Goor, Wiggels enz. zijn ondergebracht, gekookt. Er worden massa's vlees van noodslachtingen gebraden, er komt nog altijd veel melk en er is voldoende goed brood. Bonnen bestaan niet meer maar we zijn nog slechts matig blij. Ondankbaar??

We zitten midden in de oorlog, horen de kogels fluiten, zien Duitse krijgsgevangenen. De electriciteit zal voorlopig wel uitblijven, we werken allen op hoogspanning en je voelt dat het op een zeker ogenblik niet meer zal gaan. En wie van ons zal hier levend uitkomen? Het moet toch tot een treffen komen hoewel een Amerikaan me vertelde dat het hier maar flankverdediging is. Van Nijmegen tot Eindhoven is vrij. Naar deze kant, Elst, Valburg, Herveld, Zetten, Hemmen tot halverwege Opheusden, daar zijn nog Duitsers even als op de Grebbeberg. Alles wat NSB is werd weggehaald. Hier uit huis drie en gister Marie, een andere getrouwe die hier 25 jaar is, Rijksduitse. Ook de burgemeester. De mensen houden zich best, enkelen zijn bang, geen wonder. Zetten staat vooral 's nachts onder vuur. Alles huist in kelders. Vrijwel geen ruit heel, veel huizen stuk of beschadigd. Gelukkig geen slachtoffers en branden. Hemmen valt er nu blijkbaar weer buiten, voor zolang als 't duurt. Ons huis is nog in tact. Gister enorme troepenverplaatsingen. De Engelsen vertrokken, de Amerikanen kwamen.

Volgens 'men' niet zo'n goede ruil, ze zijn ruwer en brutaler. Het zeer zware geschut is weg, we horen nu andere knallen, het huis schudt niet meer zo. Er werd veel gevlogen en naar verluidt op de Grebbe gebombardeerd maar als je werkt hoor je gelukkig niet alles.

De gaten die door de Duitsers gegraven zijn worden nu door de Amerikanen gebruikt. Een Amerikaan er in met een machinegeweer. Ook pal tegenover het Kasteel.

5 October	Slecht geslapen. Veel cannonades. Hr. IJzerman is per fiets vertrokken, probeert over de Waal te komen, richting Beuningen. Twee kinderhuizen uit Zetten zijn daarheen geëvacueerd. Gek is het om van de wereld afgesloten te zijn en de nieuwste Engelse krant te krijgen. Soms heb ik een razende heimwee naar Holland en allen die me lief zijn. Dan heb ik de angst dat er nooit meer contact zal komen. Wat een zegen dat (...)[9] dit alles niet meer beleeft.
7 October[10] (vrijdag 6 oktober 1944)	Het is nog altijd heel erg. Het centrum van Opheusden is nu het brandpunt. Het komt nu weer dichtbij. Vanmorgen vielen er granaten in de omtrek. Eén ontplofte op de binnenplaats tussen de kerk en van Goor en doodde een meisje[11] van 20 jaar

[9] Hier lijkt zoiets als "Nie.. Straatje" te staan.
[10] Vanaf hier tot 18 oktober 1944 blijken, op grond van gegevens uit de Burgerlijke Stand (o.a. datums van overlijden van bewoners), de opgegeven datums (en de volgorde daarvan) niet te kloppen. Tussen haakjes zijn de gereconstrueerde datums aangegeven.
[11] Volgens gegevens van de burgerlijke stand overleed op 6 oktober 1944 te Hemmen Jansje van Leijen (Bron: http://www.wiewaswie.nl).

die bij de vluchtelingen van Opheusden hoorde. Zij werd op een brancard gebracht door twee Amerikanen en hier opgebaard. Later ontplofte er een voor de tussenkamer in het weiland. De koeien renden weg maar kwamen direct terug en stonden in een kringetje om het vrij grote gat.

15 October (zondag 8 oktober 1944)

't Is Zondag. Alwéér! We hadden een vrij rustige nacht. 't Is mistig, waar we het misschien aan te danken hebben dat 't rustig blijft. Na tafel gingen v.d. Heuvell en ik een Lingelaantje pikken. Alles wandelde buiten en bekeek de ravage, vooral in het park waar vijf diepe gaten geslagen zijn. Hr. Norel, die veel contact heeft met de Engelse commandant, vertelde dat een Duitse tank was doorgebroken en die granaten had afgevuurd. Later is de tank door de Engelsen onklaar gemaakt. Het fruit rot aan de bomen, niemand durft te plukken. Hier en daar in huis liggen de vluchtelingen maar ieder voelt zich veilig. Aan de overkant bij de brug hebben de Engelsen en Amerikanen schuilplaatsen gemaakt. Ze staan genoeglijk te praten en te roken tot plots een geluid komt en ze verdwijnen in de grond, voor ons het sein om een veilig heenkomen te zoeken. De adem stokt weer, een granaat suist voorbij, naar...?

10 October (maandag 9 oktober 1944)

Vandaag werd het meisje begraven. Jongelui uit Opheusden droegen de kist van hier naar de kerk over de kleine brug. Ds. Norel leidde de rouwdienst. Juist waren ze binnen toen er weer granaten vielen, gelukkig ging alles over de kerk. Gister was hier een soldaat uit Kentucky, 24 jaar, getrouwd, een dochtertje dat hij nog niet gezien had. Hij verlangde erg naar huis.

14 October (dinsdag 10 oktober 1944)

Vandaag een ontzettende dag. Om half negen viel de eerste granaat en vernielde veel van onze ramen aan de kant van de moestuin. Alle mensen naar de kelder. Daarna ging ik met Lien naar 't logeergebouw waar ik het ontbijt zou verzorgen. Allen in paniekstemming. 't Kostte een deel van m'n stem om orde te scheppen en - voor zover mogelijk - rust. De invaliden brachten we tussen de buien door naar de kelder van 't Kasteel. Er waren scherven door de kamers, gelukkig waren juist alle mensen beneden, niemand werd getroffen. Telkens suisde een granaat, het was afschuwelijk. Juffr. v.d. Heuvell zorgde er voor dat er toch warm eten was voor allen, een hele prestatie. Telkens komen er nog vluchtelingen, ik ben de tel kwijt. Hoe komen we uit deze hel, we worden er doodmoe van. Er is veel zwaar geschut bij gekomen, de ene knal na de andere vliegt over ons heen.

16 October (woensdag 11 oktober 1944)

Gisteravond was 't weer heel erg. Van half zes tot half zeven knalde alles wat knallen kon. Er kwamen Duitse granaten terug. Bij Klein Hemmen sneuvelden twee Amerikanen, twee werden zwaar gewond. Een voltreffer kwam op de pastorie en veroorzaakte veel schade. Juffr. Siddré en de heren Baxks en Norel trokken overal op los. De eerste moest dekking in een greppel zoeken, evenals Lien en Truus. Ze hebben de schrik aardig beet. Alles moet naar Klein Hemmen gebracht worden, daar zijn nu twaalf mensen. Vanmorgen kwam v.d. Bijl, een boer uit Opheusden, hij had een hoofdwond door een granaatscherf en ook een hersenschudding. Hij is niet zo best, ligt bij ons in het logeergebouw waar we nog een gewonde hebben. Beekhuis, die met een schotwond in z'n bibs ligt. Verleden week stierf juffr. Blok.[12] We konden niemand van de familie enig bericht zenden, we zijn geheel van de buitenwereld afgesloten. Vandaag mist en regen, alles bleef rustig.

17 October
(donderdag
12 oktober 1944)

Vandaag veel troepenverplaatsingen. Er vliegt hier voortdurend een sportvliegtuig boven de omgeving. Het staat met radio in verbinding met de troepen. Als er in de buurt nog Duitse granaten vallen worden er in no-time Engelse afgevuurd. De richting wordt waarschijnlijk door het vliegtuig aangegeven. De Amerikanen zijn wel erg gemengd. Je ziet er van alles tussen. Harry van Dyke is een knaap die veel met de kinders van Robbers speelt. Hij komt uit Zuid Amerika,[13] zijn grootvader kwam uit Eindhoven. Ook zijn er zwarten. Ze zijn nogal brutaal, forceren brandkasten in de huizen waarvan de

---

[12] Volgens gegevens van de burgerlijke stand overleed op 2 oktober 1944 te Hemmen Mw. Maartje Blok-Glas (Bron: http://www.wiewaswie.nl)
[13] Waarschijnlijk wordt hier bedoeld: Het zuidelijk deel van de Verenigde Staten van Amerika

bewoners gevlucht zijn en vernielen de inboedel voor zover ze die niet gappen.[14] In Nijmegen en Oosterhout brandt het electrisch licht weer. Wij zijn zo langzamerhand aan de duisternis gewend, een mens heeft aanpassingsvermogen al is dat bij de een meer dan bij de ander.

18 October (vrijdag 13 oktober 1944)

We raken op de hoogte van de situatie en dat geeft in zekere mate rust. 't Is hier alles landverdediging. Van Nijmegen tot hier is alles in geallieerde handen. Het schijnt dat er vanuit Nijmegen een leger zal optrekken via Arnhem naar Wageningen. 't Lijkt alles zo eenvoudig als je 't opschrijft maar oh wat is het vreselijk. Geregeld komen er bij Driel troepjes Duitsers over maar tot nog toe werden ze allen gevangen genomen. Gister stierf juffr. Poortier, 88 jaar.[15] Ze lag de laatste dagen op 't ziekenzaaltje van het Kasteel, dat was overvol. Nu is er weer een beetje ruimte. Wat is in deze tijd een mensenleven en dan zo'n oud leven.

't Is al najaar. De herfsttinten zijn prachtig maar ik kan er niet van genieten, het maakt me zo down. Alles spreekt van de dood, ook de natuur en niemand weet of we het 'herleven' zullen beleven. Ik rook blenders,[16] het maakt me een beetje rustiger. Eigenlijk is het niet zo goed om

---

[14] Opvallend racistische en stigmatiserende taal. Vermoedelijk is dit een weergave van de wijze waarop Ida Roosendaal blanke Amerikaanse soldaten over zwarte soldaten heeft horen spreken.

[15] Volgens gegevens van de burgerlijke stand overleed op 12 oktober 1944 te Hemmen Mw. Jantien Poortier-Meilof (Bron: http://www.wiewaswie.nl)

[16] Waarschijnlijk is een blender een zelf gedraaide sigaret.

het daarin te zoeken. Het wereldnieuws zullen we vanaf heden dagelijks aangeplakt krijgen. 't Haalt weinig uit maar je wilt toch wel iets weten.

~~19~~[17] October (zondag 15 oktober 1944) Ds. Norel hield vandaag een korte dienst die goed bezet was. Daarna was er een dienst voor de Engelse en Amerikaanse soldaten. Ik ging er heen, 't was heel goed. Er werd veel gezongen en de soldaten deden dat enthousiast. Een korte preek over het gebed tot en het contact met God. Vanmiddag was het sportvliegtuig weer in de buurt en zag zeker iets om te rapporteren. Even later knalde het er weer danig op los. Tot Kesteren heet nu vrij maar de mensen uit Opheusden mogen nog niet terug, er wordt vanaf de Grebbe nog hard geschoten.

Rommel[18] is dood. Een steunpilaar van het Duitse leger. Z'n opvolger zal wel klaar gestaan hebben. Alles 'volgens plan'.

De vluchtelingen zijn haast allen werkschuw. Heel vervelend want er zijn jonge krachten bij en we kunnen de oudjes moeilijk inschakelen toch. Er is zo veel te doen. De was is een nachtmerrie. Sinds vier weken draait de wasserij niet meer, we staan elke dag te ploeteren, er ligt geen handdoek meer in de kast en er is zoveel nodig voor de zieken. In de huiskamer van het logeergebouw liggen er vijf. Ik trek er dagelijks op uit om

---

[17] In het dagboek doorgehaald.

[18] Erwin Johannes Eugen Rommel (Heidenheim an der Brenz, 15 november 1891 - Herrlingen, 14 oktober 1944) was een Duitse veldmaarschalk. Hij speelde een belangrijke rol in de Tweede Wereldoorlog in Noord-Afrika.

petroleum te halen en tot nog toe zaten we niet zonder licht. De Tommy's voorzien me voortdurend van crackers, gelukkig, want de aanvoer van alles staat stop en het brood kan ik niet verdragen.

<del>23</del>[19] October
(maandag 16 oktober 1944)

Vanmiddag weer granatenregen wat een groot deel van de ruiten aan de tuinkant kostte. Gelukkig bleven alle mensen gaaf, maar 't is een tochtige beweging.

18 October

Er kwamen vandaag vier hoge pieten die vertelden dat morgenochtend alle vluchtelingen moeten vertrekken. Ze worden met Engelse vrachtwagens gehaald en gaan naar (voor ons) onbekende bestemming. Er zijn in Hemmen 938 vluchtelingen die zich in onze garage moeten melden en daar ingeladen worden. Het gaf vele tranen. 't Is ook erg. Ik had er graag hard werken voor over om ze hier te houden. Je went zo aan de mensen. 't Is intens erg.

19 October

Vanmorgen vertrokken ze. 't Was een triestig gezicht. Joppe en ik hielpen inladen. Reactie was veel gelach. Joppe ging nu naar Neerbosch het ontvangstation vanwaar ze verder gaan. Ze kwam 's avonds weer terug. Een familie wilde niet mee. Er was een zieke man. Later haalde ze die met een Rode Kruisauto op. Politie en een Engelse officier gingen mee. In ¼ uur moesten ze klaar zijn. Dat lukte. 't Was een beroerd

---

[19] In het dagboek doorgehaald.

karwei. Ze gaan uit de gevaarlijke zône (zegt men).

22 October	Zondag. Iep kwam uit de kerk met het alarmerende bericht dat we deze week allen weg moeten. Er is vandaag geen officiële bevestiging te krijgen. De nacht was ontzettend, dit houd ik niet lang meer uit. De granaten vlogen over 't huis. Morgen ben ik vrij. Vannacht ga ik in de kelder van 't grote huis slapen. Ik moet een rustig hoekje hebben waar ik 't gevoel heb dat ik veilig lig. De kalk rolde vannacht in m'n bed, alles dreunde en schudde.
23 October	'k Sliep vannacht in de mangelkamer waar v.d. Heuvell ook haar bivak heeft opgeslagen. Tot twaalf uur ging het goed, toen kwamen er series granaten over. 't Was afschuwelijk. Ze kwamen steeds dichterbij. Eén kwam in 't gazon voor de voordeur terecht. Scherven door de ruiten. V.d. Heuvell ging in de pannenkelder zitten. Ik ging om half twee weer naar bed. Zij bleef nog weg tot half vijf. Vanmorgen was alles rustig. Ik ging er met de fiets op uit en kwam om twaalf uur thuis. Hoorde dat we de volgende dag om tien uur zouden vertrekken. Alles meenemen. We hebben razend hard gewerkt. Alles ingepakt voor de mensen en verder veel provisie. Waarheen wist niemand. 's Avonds laat met Stien en Joppe daas[20] gedaan en gelachen. We waren op. Toen voor mezelf pakken. 'k

---

[20] Met 'daas' wordt hier waarschijnlijk bedoeld: 'dwaas' of 'melig'.

Sliep bij Joppe op de grond, we moesten om zes uur op, van slapen kwam weinig.

24 October	Vroeg aan 't werk. Alle bedden ingepakt. 't Was een stralende dag. Om elf uur kwamen 13 grote vrachtwagens + één ambulance. In elke auto ± 15 mensen + veel bagage. Om half één vertrokken we. Waarheen? Het deed me goed door Nijmegen te rijden, 'k was er graag gebleven. Om half drie stonden we in Nistelrode, maar konden daar niet blijven. Het was een barakkenkamp, deels bezet door Engelse soldaten. Door naar Eindhoven. Wat is er veel verwoest. Om half zes stonden we bij Philips. We hadden twee wagens uitgeladen, toen alles er weer in moest. Wachten. Weer 't zelfde. Daarna weer wachten. Om elf uur stonden we voor een school waar een groep padvinders hielp uitladen en voor warme melk zorgde. Toen moesten de bedden nog uitgelegd, opgemaakt en de mensen naar bed gebracht worden. Om half vier uur gingen we ook naar bed, d.w.z. op een matras in de gang liggen, geradbraakt.

Eindhoven, 1944

25 October	Om zes uur draaiden de mensen al weer om ons heen. We hebben een massa gedaan 's morgens, maar ik ben 's middags naar bed gegaan, ziek van de pijnen. Wat momenteel niet veel beter wordt. De hele staf in ingekwartierd in de buurt. 't Is goed er eens even uit te zijn. V.d.

Heuvell en ik zijn bij de
verbindingsmensen van het Rode Kruis.
We hebben 't er prettig en rustig.

26 October
27 October

We zijn nog niet over de emotie heen. Er
zijn hier enorm veel militairen in de stad.
Op weg hierheen zagen we ook grote
colonnes, die we steeds voor moesten
laten gaan, waardoor de reis extra lang
duurde. 't Was wel een model-evacuatie.
Bedden, dekens, alles hadden we bij ons.
We verloren de ambulance, die reed naar
Neerbosch (wat we niet wisten) en bleef
twee dagen onder water. We hadden de
moed al opgegeven en daar verscheen zij
vanavond plotseling met de vier
patiënten. Grote vreugde, vooral bij
Siddré.

29-30 October

Een rustige nacht. We hebben
voortdurend een paar man van de
luchtbescherming in de school, zodat ik
nog eens aanspraak heb. Ook is het
prettig omdat alle zusters nu uitwonend
zijn en je in tijd van nood iemand kan
laten halen. Mej. S.[21] blijft hier.

30-31 October

Vanavond kwam ik hier en hoorde dat we
waarschijnlijk weer weg moeten. Alle
scholen zijn voor de Engelsen gevorderd.
Waar moeten we heen? Het is ellendig. S.
wil graag terug naar Hemmen, de
evacuatie is stop gezet, de grote toevoer
van mensen kon niet verwerkt worden.
Maar ik ga niet mee naar Hemmen. Ik kan
niet terug naar dat vuur, het maakt me

---

[21] Waarschijnlijk wordt met S. de eerder genoemde Siddré bedoeld.

ziek. Ik zie er uit als een geest. Slaap abnormaal weinig, voel me beroerd en heb nogal veel pijn. Hoe kan het anders! Ik wil wel mee verder trekken, al weten we niet waarheen, maar terug nee. Ik heb het meteen gezegd, ze kunnen niet op me rekenen. Wat is het allemaal moeilijk, ik kan niet meer. Vandaag is Boy jarig, 24 jaar. Vreemd dat je elkaar niet bereiken kunt. Wie er nog van ons is?

1-2 November

Een beroerde dag, niet geslapen. Er is nog geen zekerheid. Ik wilde dat wij die hadden. In ieder geval heb ik m'n koffer vast gepakt. Als 't eenmaal zover is heb ik er geen tijd meer voor. Er is een heel kleine kans dat we blijven kunnen, dezer dagen horen we dat wel. V.d. Heuvell gaat ook niet terug naar Hemmen, wil wel verder mee net als ik. Vandaag Joppe en Mien v. 't S. jarig.

2-3 November

Heb een phanodorm[22] genomen, vier uur geslapen. Daardoor wat opgeknapt, maar nog erg pijnlijk. Er kwamen vandaag weer Engelsen om de boel op te nemen en het aantal mensen + hun bijzonderheden. Vrijwel alle scholen zijn leeg, nog drie zitten vol evacuees, daar zijn wij er één van. Tot wanneer? We hebben een paar erg zieke mensen erbij. Aan een eventueel transport moet je niet denken. Het Rode Kruis doet erg z'n best om ons hier te houden maar ik stel me voor dat er weinig tegen het militaire apparaat is in te brengen. Na deze nacht nog twee, ik ben

---

[22] Slaapmiddel (in tabletvorm) dat al vanaf de jaren 30 werd gebruikt.

er blij om, word er deze keer wel erg moe van.

3-4 November

Een rustige nacht maar we weten nog niets zeker, dat is enerverend.[23] 't Is prettig om de luchtbeschermingsmannen in de buurt te hebben. Ze hebben wacht van twaalf tot zes. Ze slapen (!) tot vijf uur en gaan dan voor me aan het werk.

5 November

Zondag. Je kan het niet zeggen. Vrijdagmorgen was ik 5 minuten in bed toen men kwam zeggen dat we onmiddellijk moesten pakken en vertrekken, dus ik naar de school. Alles in rep en roer. De zieken moesten naar een nood-ziekenhuis, maar er was nog geen plaats. Om vier uur werden ze gehaald door een Franse ambulance. De ergste patiënten bracht ik zelf nog. 't Waren prachtzusters, die Françaises, zagen er keurig verzorgd uit. Verder was de organisatie soep. Niemand wist waar we heen gingen. V.d. Heuvell en ik bleven totdat alles opgeladen was. Om negen uur reden we naar een school in Woensel-Eindhoven, die zeldzaam smerig was. We wisten niet waarmee te beginnen. 't Was een kleinere school. Plaats voor 80 mensen als we de matrassen stijf tegen elkaar op de grond legden. We waren met 100 man, een stel op de vliering. Wat is alles nu gewoon, v.d. Heuvell en ik sliepen op de zaal bij de chauffeur Robbers en z'n

[23] Hier wordt het begrip 'enerverend' gebruikt. Uit de context blijkt dat Ida Roosendaal een andere betekenis toe kent aan dit begrip dan dat in 2013 gebruikelijk is. Hier wordt met 'enerverend' waarschijnlijk 'zenuwslopend' bedoeld. Zie ook het gebruik van dit begrip bij 31 december 1944.

vrouw + kroost. We legden een staaldraadmatras op twee school-banken en sliepen er vrij goed op. 'k Was dood-moe, had 26 uur aan één stuk gewerkt, en hoe.

Dit is moordend. En al dat gesjouw met al die oude mensen, ze raken er finaal door in de war. Vanmiddag gingen v.d. Heuvell en ik naar ons kwartier, 3/4 uur lopen. Nu heb ik 't gevoel weer schoon te zijn. In de school één kraan, acht verstopte WC's die Mej. R. door porde en op gang bracht. 't Was om er kotsmisselijk van te worden, maar ook dit went. 'k Heb nog beroerd veel pijn. 't Beste middel is kiezen op elkaar en werken. Alles is zoek, de hele inventaris en bagage van de mensen is in een gang gestapeld. Er wordt niet gestookt en 't tocht verschrikkelijk. Nu genieten we van de goede zorgen van Mevr. Rooze. Ze is echt lief en hartelijk voor ons. Kreeg van de Engelsen een brood, thee en suiker in ruil voor appels. Nu kan ik weer een paar dagen vooruit. In de school kunnen ze geen thee of koffie voor de mensen zetten bij gebrek aan kook-gelegenheid. 't Eten komt van de gaarkeuken. De binnenplaats staat vol Engels materiaal. Ze hebben ook onze keuken ingepikt en willen Dinsdag de school in.

Enfin, we leven nog en trekken verder al is het totaal zonder enige moed.

Vanmiddag ging Schot (90 jaar) naar bed, voelde zich ziek. De dokter constateerde een longontsteking, hij ging direct naar een ziekenhuis. Opa Jongejan (91 jaar) mag bij een eventueel vertrek niet mee.

De dokter geeft hem nog ± 10 dagen, uitgeleefd. Om zes uur kwam een Rode Kruis auto, ik bracht Schot naar 't Burgerziekenhuis, moest verder lopen naar huis, een karwei met die duisternis, kwam om ongeveer half acht thuis. V.d. Heuvell had thee gezet. Ik kwam bij.

Tilburg, 1944

12 November

Een week vol belevenissen.
Maandagmorgen kwam ik om 10 voor half acht in de school, waar 't een bijenkorf leek. Nu moesten we om tien uur klaar staan. Voor transport naar…? Tijdens 't ontbijt ging ik naar de familie Rooze (Genneperweg 46) om de laatste dingen te pakken, te groeten en v.d. Heuvell op te halen. Om half elf waren de auto's present en er waren twee ambulances bij met de Françaises.
Alles ging mee, om kwart over één reden we af. Ik zat in de grote ambulance met negen patiënten. Om half vier stonden we voor een groot klooster in Tilburg. Uitladen. 't Was er groot en verschrikkelijk vuil, de Duitsers waren er 14 dagen uit. Koud, geen verwarming, geen kolen, alles was even troosteloos. Om negen uur waren we zo ver dat de mensen naar bed konden. Intussen waren er 200 patiënten van P.H. uit Groesbeek gekomen. Onvolwaardigen.[24] Een zeldzame troep stakkers. Velen lid van de

---

[24] Zo werden in die tijd mensen met een verstandelijke beperking aangeduid.

roeivereniging.[25] Zij hebben de bovenetages, wij de parterre. Hebben geen kans gehad iets mee te nemen. Onze meisjes hebben het huis, d.w.z. ons gedeelte, grondig schoon gemaakt. Nu is het al aardig op dreef. De staf sliep twee nachten in de eetzaal op de tafels, 't was geen doen. Het Rode Kruis is hier niet erg actief zodat we zelf kwartier zochten. Müller en ik zitten op Ringbaan 262, vijf minuten van ons werk, bij een Rooms Katholieke familie. Ze zijn erg hartelijk voor ons, we hebben 't er best. Deze week werd Opa Jongejan bij ons gebracht. Er was tekort aan plaats in het ziekenhuis, dus werd hij hier heen gebracht. Zeer bewerkelijk.

Nu is het weer Zondag. Vanmorgen naar de kerk geweest. Ds. van der Wel. Bid-dankstond in alle kerken. Oók in de synagoge. Dank voor de bevrijding, bede voor het niet-bevrijde deel van ons vaderland. Ik kan het niet verwerken. Zag steeds ons allen voor me. Hoe hebben zij het? Zien we elkaar nooit weer? Waar zijn ze, hoe komt er ooit contact? Ik ben te moe om door te denken, moe van pijn en narigheid.

Müller vond me deze week een keer buiten westen op m'n kamer, de pil wil me naar bed hebben maar ik zie daar tegen op. Wil eerst van de week een vrije dag hebben en zo mogelijk op de fiets naar Ginneken, daarna zal ik wel weer zien. Dezer dagen slaap ik in 't klooster.

---

[25] In dit verband betreft het een gezegde dat waarschijnlijk aangeeft dat men dwangmatige herhaalde bewegingen met het (boven)lichaam maakt.

Heuvell is nogal ziek en had me graag bij zich. Morgen ga ik weer naar m'n kwartier. Veel oudjes zijn ziek door de herhaalde transporten maar knappen weer op, dat valt nogal mee gelukkig!

26 November   't Is lang geleden dat ik schreef. Nu is er tijd genoeg om bij te werken. 18 November was ons Anneke jarig, 19 jaar. Waar zou ze zijn? Begin September kreeg ik 't laatste bericht, ze was toen op Texel. We hopen op een weerzien. Vorige Zondag (19 November) was ik vrij, ging op de fiets naar Ginneken, ± 20 km, op zoek naar Maat Knook. 't Huis was dichtgespijkerd, een briefje met inlichtingenadres aan de deur. Bij de familie Drost hoorde ik waar ze was, dus daarheen.

't Was enig om elkaar te spreken, het was of we elkaar altijd gekend hadden. Wat lijkt ze op Anneke en wat verlang ik er naar om Anneke te zien. Maar wanneer en of? Om drie uur ging ik weer weg. Kreeg van Maat een wollen jas en een paar schoenen. Ben zo langzamerhand alles kwijt, ik was hier dus erg blij mee. Net op de terugweg werd ik erg beroerd door een pijnaanval. Charterde een Rode Kruis auto en was om vier uur op m'n kamer. Toen thee en naar 't klooster waar ik in Heuvell's bed dook. 's Avonds vroeg naar m'n kamer en naar bed zodat het Maandag wel weer ging. Dinsdag ziek, Woensdag overgebracht naar 't klooster. Ik vond het erg evenals de fam. Wijman, die best en hartelijk voor me zorgde. Nu lig ik bij v.d. Heuvell op de kamer en voel me nog ellendig. Had deze week een temperatuur van 39,2 dus geen wonder. 't Gaat wat beter, ik ben blij dat ik 's nachts niet alleen ben, door de koorts vaak angstig. Enfin, er is weer hoop op beterschap. Heb sinds verleden week ook een zenuwontsteking in de linker zij, erg pijnlijk en 't is lastig liggen in bed. Ook dat zal t.z.t. wel beter gaan en niet zo lang duren vermoed ik.

30 November

Verder pennen. Had de laatste dagen veel pijn + verhoging, dus geen moed om te memoreren. De dreiging van weer weg te moeten hangt om ons heen. De bewoners van Hemmen en de andere dorpen zijn vanaf Zondag aangekomen. Ze gaan direct door naar België, per trein. Er wordt aan gewerkt om ons hier te laten, maar of het lukken zal. Gister was majoor van der Kalk hier en dronk thee bij Heuvell en mij. Hij zei: ,,Er moet een oorlog gewonnen worden en dan kunnen we niet denken laat die oudjes maar zitten, het is zo zielig. Nu moet alles op alles gezet worden. Het kan nog maanden duren eer alles voorbij is en van onze verwanten moeten we maar denken dat ze even onbereikbaar zijn als Japan en verder''. Tanden op elkaar en werken. Ik denk dat ik zo ver al was want al dat liggen maakt je hopeloos down, je komt er niet uit.
Heuvell is erg lief voor me, staat iedere nacht trouw op om voor warme thee te zorgen en dat is heel wat nu de nachten zo koud worden. Over drie weken de kortste dag. Mevr. Wijman komt nogal

eens en is erg hartelijk. Ik kreeg o.a. ook schoenen van ze. Nu loop ik weer droog.

3 December	1^e Adventszondag. Over drie weken kerstmis. Niet te geloven in deze wereld. Ik vind het erg. Waar haal je de kerstvreugde vandaan? Die moet je wel altijd bezitten maar dat is me onmogelijk. Vandaag is Koos jarig. Waar zou ze zijn? In Den Helder bij de andere zussen? Wanneer horen we iets van elkaar?

3 December

1^e Adventszondag. Over drie weken kerstmis. Niet te geloven in deze wereld. Ik vind het erg. Waar haal je de kerstvreugde vandaan? Die moet je wel altijd bezitten maar dat is me onmogelijk. Vandaag is Koos jarig. Waar zou ze zijn? In Den Helder bij de andere zussen? Wanneer horen we iets van elkaar?

10 December

Een week vol nare dingen. Maandag was er herrie tussen Siddré en Heuvell. Siddré wilde Heuvell een maand met zogenaamd ziekteverlof sturen. Wat Heuvell niet wilde omdat ze niet ziek is. Ze (Heuvell) is toen op stap gegaan om naar België te kunnen komen. Dat lukte boven verwachting vlot. Woensdag kreeg ze toestemming om zich de volgende dag bij het laatste transport aan te sluiten en zich bij de Hemmense bevolking, die in de omgeving van Aalst (België) is, te voegen. 't Ging door zodat ze Donderdagmorgen vroeg vertrok. Robbers bracht haar weg. Müller ging naar het station. Ik vind het erg, 'k ben van haar gaan houden en mis 'r meer dan ik zeggen kan. Je kan met haar praten, nu ik ziek ben zorgde ze voor me en was ik nooit alleen. Nu is Müller zolang bij me, wat erg prettig is. We kunnen 't best samen hebben, zijn ook in het zelfde kwartier. Morgen ga ik naar dr. Bücher in de poli van 't stadsziekenhuis. Hopelijk weten ze me daar op te lappen. M'n zij is veel beter, m'n buik is beroerd. Veel pijn en slap als 'n taartzak. Drie weken in bed is m.i. wel genoeg in deze tijd. De stemming was de laatste weken in huis slecht. Alles werd op Heuvell geschoven maar 't gevolg van haar weggaan is dat we haast niet klaar kunnen komen. Ik voel me mijlen ver van ieder in huis, uitgezonderd Müller natuurlijk, die er ook maar bij hangt.

12 December

Vandaag is Di jarig, gister Gré maar ik was te beroerd om er aan te denken. Dank zij (...)[26] gaat het een beetje beter. We hopen elkaar binnen niet al te lange tijd weer te zien. 't Is erg stil nu Heuvell weg is, ik hoop gauw iets te horen. Morgen gaat er weer een convooi naar België, we zullen een brief meegeven.

20 December

Gister is Hr. Doornbos overleden, 89 jaar, hij was vijf weken ziek. Longontsteking. Vrijdag begrafenis. Alles in huis wordt druk, 't is haast kerstmis. Niet te geloven, drie Zondagen. Ik vind het erg. Alles dat op kerstsfeer lijkt is mijlen ver, je gedachten zijn voortdurend in Holland bij allen die je lief zijn. Gister is door de radio omgeroepen: ,,Kasteel Hemmen is in Tilburg, alles wel''.[27] Nu hopen we maar dat onze familie dat door de een of andere luisteraar door-gezonden krijgt. Er is nog geen bericht van Heuvell. We kregen te horen dat het dorp Hemmen in

[26] Onduidelijk wat hier bedoeld word. Er staat zoiets als "3 m. in j".
[27] Er werden in de periode 1940 t/m 1945 zogenaamde luisterberichten uitgezonden door het programma Radio Oranje, dat door de BBC vanuit Londen werd uitgezonden over bezet Nederland. Veel van die berichten waren gecodeerd omdat de bezetter ook meeluisterde. Hier betreft het een niet gecodeerd bericht bedoeld om familie en vrienden in bezet gebied gerust te stellen. Het bezitten van radio's en luisteren naar Radio Oranje was door de bezetter verboden.

Geraardsbergen (België) is ingekwartierd. Ds. Norel preekt daar iedere Zondag.

31 December   Sinds verleden week (22 dec) ben ik weer in m'n kwartier, wat erg prettig is. In het klooster kun je niet beter worden. Ik ben 24 December in 't huis geweest om er kerstavond van de staf mee te maken die Mej. Siddré énig in elkaar gezet had. Ik was er 1½ uur bij, ging toen naar bed. Ik logeer bij S. op de kamer. Robbers, die me gehaald had, bracht me ook weer terug. Gister een brief van Heuvell, datum 16 December, ontvangen. Ze heeft het buitengewoon goed getroffen waar ik erg blij om ben. Rustig, goede voeding. Ze zal wel gauw wat bijkomen.
Hier is 't alles behalve rustig. Vliegende bommen gaan er bij bendes over. In de nacht van 29-30 liefst 52. Vannacht viel er vlakbij één om ongeveer twee uur. Alle ruiten in de omgeving stuk. Geen slachtoffers. Een kindje met glaswonden, verder niet. Vandaag gaat het maar door. Terwijl ik dit schrijf valt er weer een bom in de buurt. De hele dag dreunt het en rammelt alles. En vandaag oudjaar. Wat hadden we gehoopt vrij te zijn, te weten waar de onzen zijn, of ze leven. En nu zijn ze ergens; ik ben in Tilburg en we weten niets van elkander. Zou er ooit een eind aan komen? Ik houd dit niet lang uit. Alles is zo enerverend,[28] en je vraagt je af waarom je blijft leven. Terwijl je niets doet, nog te beroerd bent om iets te

---

[28] Hier wordt waarschijnlijk 'zenuwslopend' bedoeld. Zie ook voetnoot 3-4 november 1944.

doen. Terwijl er dagelijks zovelen sterven moeten. De dokter zegt, 't komt wel in orde, dat moet je dan wel geloven. Müller slaapt bij mij op de kamer, 't is rustig, om niet alleen te zijn. In 't klooster was ze ook al bij me. Vannacht is de ruit van haar kamer naar binnen gevallen, in diggels, dus voorlopig zal het wel zo blijven. Ik sta met eten op en 's avonds nog een poosje, voel me erg slap en down. Wat het jaar 1945 ons zal brengen? Vrede???

Tilburg, 1945

Januari

Oud en nieuw bleef ik bij de familie Wijman, ik zag er tegenop om naar 't klooster te gaan. De dagen bestaan nog uit rusten en eten en er is nog geen kans aan 't werk te gaan. Iedereen zegt: 't Gaat goed maar de oorlog duurt voort. Er komen veel V1's[29] over. Monsters die met veel geraas over de stad denderen. Zolang je ze hoort is 't nog niets maar je schrikt hevig als de motor af slaat. De berichten uit Holland zijn alarmerend slecht. De voedselvoorziening is er hopeloos en je denkt met angst aan al de onzen die boven de rivieren zijn. De Duitsers krijgen op hun kop maar 't is net ongedierte. Er komen er steeds meer. Deze maand waren Rein, vader en tante Annie jarig. De 18e Anneke Knook. Verleden jaar kwam ik een dag na haar verjaardag uit Friesland, waar de grond me te heet werd zodat ik

---

[29] V1: Vliegende Duitse bom (onbemand straalvliegtuig), de zogenaamde Vergeltungswaffe 1 met een bereik van 240 km. Met de opvolger hiervan, de V2, kon men ook Engeland bereiken.

een 'duik' naar Holland nam waar ik tot
Juni bleef dank zij het feit dat ik ziek werd
en niet mee kon.

20 Februari

'k Ben weer halve dagen aan het werk,
deze week van negen tot één, volgende
week van één tot zes, daarna hoop ik
weer langer dienst te kunnen doen. 't Is
druk, veel oudjes liggen te bed.

24 Februari
(zaterdag
3 februari 1945)

Gister was ik vrij en van plan uit te slapen.
Om negen uur een ontzettende klap,
daarna veel lawaai. Ik vloog uit bed naar
Müller die ook vrij was. Haar kamer lag
vol glas, ook haar bed lag ermee bezaaid.
Ik heb me aangekleed en vloog naar
Mariëngaarde waar een V1 achter de
kapel was gekomen.[30] Alles was in actie,
een grote groep Engelsen waren aan 't
opruimen onder leiding van luitenant
Barnson. Ik bleef er tot vier uur. Laura
Smit[31] was de laatste die er uit gehaald
werd. Totaal 25 doden en veel gewonden
werden naar het ziekenhuis gebracht. Van
Groesbeek waren er drie doden. Tonny

---

[30] Van deze gebeurtenis is bij het Regionaal Archief Tilburg een verslag gevonden. Deel
uit dit verslag: "Vrijdag 2 februari 1945, Huize Mariëngaarde. Terwijl het neerkomen
van de V1 in de Minister Talmastraat nog hèt gespreksonderwerp van de dag was,
stortte de volgende ochtend om vier minuten voor negen weer een vliegende bom
neer achter een woonhuis in de Burgemeester van Meursstraat (no.4), vlak bij de
keuken en de kapel van het pension Mariënburg die totaal verwoest werden. Er vielen
wederom 22 doden, 16 Tilburgers en 6 mensen van buiten Tilburg. Het aantal
zwaargewonden was bijna even groot (19). Ongeveer 100 mensen raakten
lichtgewond. Om kwart voor negen was de Luchtbeschermingsdienst op de plaats van
het onheil. Maar daar waren reeds militairen van de Engelse Militaire
Geneeskundige Dienst die de hulpploegen van de LBD van het terrein stuurden."
[31] Laura Cornelia Smit (Angerlo 31 juli 1924 – Tilburg 2 februari 1945). Een evacué uit
Groesbeek. Kwam om het leven bij een inslag van een V1 in de burgemeester van
Meursstraat (Huize Mariëngaarde) op 2 februari 1945. Bron: Regionaal Archief Tilburg
(www.regionaalarchieftilburg.nl).

Smit,[32] zoontje van de P.H. directeur,[33] Laura z'n nichtje en mevrouw Klautz.[34] Greetje had een hevige hoofdwond. 't Ergste is dat Hr. en Mevr. Smit[35] naar Zeeland zijn om de begrafenis van een zwager te regelen. Wat een vreselijke thuiskomst zal dat voor ze zijn. Ze kunnen ieder ogenblik thuis komen.

Februari

Vanmiddag was in de kapel de rouwdienst, geleid door Ds. van der Wal.[36] 't Was ontroerend goed. De familie Smit die ik bij Wim en Jet v.d. Helm aantrof, was erg flink. Bij de begrafenis was veel belangstelling van Groesbeek en Hemmen.

Maart

Weer Zaterdag. Er kwam een brief van Stien om hulp, daar zij ziek is en alleen als ze vervangen wordt, uit kan zieken. Ik heb Mej. Siddré aangeboden om te gaan en dat gebeurde. Zo zit ik dus vanavond weer bij de familie Rooze, voorlopig voor een week. 't Werk bevalt me wel alleen is 't wat ver van de Genneperweg maar dat is

---

[32] Anton Hendrik W. Smit (Groesbeek 30 april 1936 – Tilburg 2 februari 1945). Evacué uit Groesbeek.
[33] Hendrik Wilhelm Smit (Longerhouw 13 december 1903 – ?). Vader van Anton. Algemeen Directeur Nederlands Centrum voor Werkverschaffing en Hulpverlening te Groesbeek.
[34] Maria Wilhelmina L. Klautz-Smits Verburg (Amsterdam 26 februari 1885 – Tilburg 2 februari 1945). Evacué uit Groesbeek.
[35] Hendrik Wilhelm Smit, hiervoor in een voetnoot genoemd, huwde op 15 september 1932 Anna Hendrika Maria Visscher (Rottevalle 31 december 1905 - ?). Vader en moeder van Anton.
[36] Ds. Pieter van der Wal (Workum 15 augustus 1885 – Groningen 23 december 1973). Hij studeerde theologie in Leiden en werd op 5 oktober 1913 bevestigd als predikant van de Hervormde gemeente van Jelsum. Daarna diende hij de gemeenten van Wormer, Neede, Tilburg en sinds 1949 Idaard, Aegum en Friens. Bron: http://www.digibron.nl

niet anders. 'k Zou het niet voor een ander adres willen ruilen.

Maart	Stien is weer aan 't werk en ik ben in Tilburg. Alles is bij 't oude. Verscheidene oudjes zijn overleden. Mej. Snacken is naar Vught, ze was totaal in de war en lag in de badkamer.

28 Maart

Ik ging naar Eindhoven om Stien te vervangen en kreeg bericht uit Breda dat het niet mocht, maar we konden de patiënten niet aan zichzelf overlaten. De volgende dag terug naar Tilburg om er over te spreken. Weer naar Eindhoven tot Donderdag, toen bracht ik met Heemstraten vijf patiënten naar Ulvenhout. De volgende dag heb ik alles ingepakt. Zaterdagmorgen gingen de laatste twee patiënten naar Tilburg. Ik was in Breda om er over te spreken en ging 's morgens naar Eindhoven. Zaterdagmiddag werd alles ingeladen voor Tilburg. Zo was de Eindhovense tijd om. De taxi wachtte een half uur, in die tijd kon ik m'n spullen pakken om mee te gaan naar Breda en brachten de heren me tot Ginneken waar ik een heel gezellig, rustig weekend was bij Maat Knook en haar evacuees. Ik kon niet meer.

15 April

Ik ging 's middags naar bed en bleef er in. Wim gaf me een maand ziekteverlof.

20 April

M'n verjaardag was ik in 't klooster, de dag verliep zeer rustig. 's Avonds kwamen de v.d. Helms, de volgende dag ging ik naar Ginneken. Erg prettig, ik voel me er nogal thuis. Met een brief van v.d. Helm ging ik naar dr. de Ruijter, zenuwarts, die me op liet nemen in het Laurensziekenhuis voor een shock-kuur.[37]

30 April

5 mei Vrede
Gez. 147:3 [38]

Ik kwam daar op 30 April. 1e shock op 1 Mei. 't Is een afschuwelijke kuur maar 't werkt uitstekend volgens zr. Anfried. We zullen het hopen.

19 Mei

De kuur is voorlopig klaar, misschien hoeft hij niet meer herhaald te worden. Nu ben ik weer bij Maat. Wanneer ik weer aan het werk mag gaan en waar weet ik nog niet. Hoewel ik al een brief en briefkaarten naar Holland zond heb ik van niemand iets gehoord. 't Is misschien niet verontrustend maar ik verlang erg naar bericht, dan is er tenminste zekerheid.

20 Mei

Pinkster 1945. Hoe is het heel anders dan pinkster 1940. Toen alles in brand, nu vrede, al is het alles armoede en verdriet. Maar 't is heerlijk om rustig bij Maat en de Lenoirs te zijn. Enkel beroerd dat het nog zo slecht gaat, m'n hersens werken onregelmatig en zijn zo moe, ik kan niets behoorlijk verwerken.

22 Mei

Vandaag bij dr. de Ruijter geweest, die de kuur door wil zetten. Nu is er geen plaats zodat ik morgen maar voor één dag ga.

---

[37] Zie voetnoot over Corvis bij 31 mei 1945.
[38] Notitie in de kantlijn: "5 mei Vrede, Gez. 147:3". Tekst van aangegeven gezang: Vaderlijk wil Hij ons schragen, / kennend onze zwakke kracht, / in Zijn arm beschermend dragen / uit des vijands overmacht. / Halleluja, halleluja, / Hem, die ons verlossing bracht! (berijming 1938).

24 Mei	Gister onverwachts plaats gekomen zodat ik blijven kon en meteen een shock kreeg. Ik kon even naar huis om spullen te halen. Om tien uur werd ik opgenomen en kwam dr. de Ruijter. Zr. Anfried gaf me dezelfde kamer, waar ik erg blij om was. Ze had het wel aan zien komen, evenals dr. de Ruijter en ikzelf was er ook bang voor. Er ging bericht naar Tilburg.
25 Mei	Vandaag voor 't eerst zin om aan 't werk te gaan, m.i. een goed teken. Ik hoop dat het aan houdt en dr. de Ruijter me binnenkort aan de gang wil laten gaan. 't Kan soms ineens over je komen dat je nog jong bent en er plenty werk in de wereld is. Het is goed om je dat te bedenken en het er op aan te sturen want er is veel te doen in deze naoorlogse tijden. Morgen weer een shock. Vanavond bracht Maat me een brief van Anneke, de eerste uit Holland. Nu wacht ik op bericht van de broers en zussen. Ik heb ze allen geschreven, hoop dat ze het kregen en spoedig terug pennen want niets is zo beroerd als onzekerheid.
27 Mei	Gister weer een shock, viel me wel mee. Ook een brief van Siddré en een briefkaart van tante Koos. Enig om iets uit Holland te horen.
30 Mei	Gister een shock, 10 cc. Werd niet opgenomen en reactie te slap. Toen nog 10 cc extra. Ik ben er nog nooit zó ziek van geweest. Vandaag zelfs nog erg misselijk. Lezen gaat op zoiets erg slecht, 't loopt erg ineen en 't geheugen is verre van

goed. Ik kan de jongens op 't ogenblik niet schrijven want de adressen kan ik niet bedenken. Nog steeds niets gehoord, 't is ellendig. Iedere ochtend en avond omtrent posttijd kijk je er op uit en telkens teleurgesteld. Misschien brengt Maat morgen wat mee. Hopelijk ben ik gauw klaar, mogelijk mag ik volgende week naar huis.

31 Mei

Ik wil proberen een paar dagen naar Holland te komen. Of 't lukt is vers twee. Nóg geen bericht. Er kwam een Rode Kruis brief van Anneke d.d. 15 Februari. Een gewone brief van latere datum heb ik al. 'k Ben hypernerveus, ook angst voor de Corvis[39] morgen. Dat is nog niet zeker.

1 Juni

De film ging gelukkig niet door. Vanavond was Nel W. hier, erg gezellig. Een lange brief van Sjantje, alles goed. Ook daar veel gesukkel met hulp, zoals te doen gebruikelijk.

3 Juni

Een stralende Zondag. In de tuin van het ziekenhuis een processie, wat ik nog nooit zag. Hoewel er veel was wat ik niet begrijp, was het toch erg mooi en interessant eens mee te maken. Morgen weer Corvis, brr. We zullen hopen dat het beter gaat dan Dinsdag. Gisteravond bezoek gehad van mevr. Knook, de

[39] Corvis is een cardiazol-preparaat dat in de jaren 40 in de vorm van een zogenaamde shock-therapie (cardiazolkuur) werd toegediend als medicijn tegen verschijnselen van schizofrenie en zware klachten van depressieve aard. Gevolg was het optreden van een shock-toestand (met epileptiforme convulsies) na een intraveneuze injectie met pentylenetetrazol (cardiazol),welke vermeende therapeutische waarde had. Bronnen o.a. Dr. Petra C. van Krimpen en http://www.hetoudegesticht.com/1940-1950-cardiazolkuur-cardiazolshocktherapie/

schoonzuster van Maat en Anneke. Ik mocht vanmiddag een uur er heen om eens te proberen. Het deed me goed weer in een gewoon huis te zijn. Wel heeft het me doodmoe gemaakt, maar dat komt waarschijnlijk omdat m'n hersens nog moe en slap zijn, en suf door de injectie maar dat zal wel beter worden. In ieder geval ben ik toch veel beter, wat ik dr. de Ruijter zal vertellen.

6 Juni

Gister mocht ik nog vrij onverwachts weg. Corvis ging niet door, anders kon ik deze week niet weg en dat zou jammer geweest zijn. 't Is heerlijk weer in een gewoon huis en in een gezellige omgeving te zijn.

9 Juni

Woensdagmiddag ging ik nog naar Tilburg. Dat moest toch gebeuren en dan is 't beter zo gauw mogelijk. Ik moest toch levensmiddelen halen voor mezelf om mee naar Holland te nemen. Een pas voor de 11de heb ik al, nu nog reisgelegenheid, 'k verheug me er zeer op. Vanmorgen vertrokken de evacuees van Maat.
't Is erg stil. Wat was het ongezellig. Voor Maat is het erg, ze blijft nu zo alleen achter en mist ze natuurlijk heel erg. 't Was een bende met de verhuizing.
Ik kreeg bericht uit Den Helder. Ap en de jongens zijn best. Jos is weer thuis. Gré in Callantsoog, Den Helder ontvlucht vanwege de longen. Anneke ligt sinds Maart met pleuritis. Di is naar Friesland, ook voor de voeding. Van Sjaak, Rein en Boy nog niets gehoord. Koos is ook goed, gelukkig. De zorg is aanmerkelijk

verminderd. Zodra ik uit Holland terug ben zal ik gekeurd moeten worden. Hoe of dat lopen zal? De Ruijter geeft me een behoorlijke kans om afgekeurd te worden. Enfin, er is plenty werk in de wereld, dus daarover geen zorg. Maar liever blijf ik in Tilburg, je bent aan elkaar gewend, je weet wat je hebt en de toestand zal veel beter worden. Ook hebben ze al die tijd voor me gezorgd en ik was veel ziek. Ik zou het beroerd vinden er uit te moeten nu ze het zo druk hebben.

Einde dagboek

In het dagboek werd een blad met het volgende lied over de Betuwe gevonden. Uit de tekst blijkt dat het lied uit de Tilburgse periode stamt.

De oorlog kwam en joeg ons heen
Ver weg van huis en steê
De Tommies stuurden ons naar hier
We zyn er best tevreê
Maar komt er dra een goede tyd
Vertrekken wy weeral,
Want tòch, hoe goed 't in Tilburg is:
De Betuw' bovenal ! ! !

Refrein:

-x-x-x-x-x-x-x-x-

B E T U W E - L I E D .

Wyze: Daar by die molen

Er is een heerlyk stukje grond
In 't kleine Vaderland,
Aan ' t plekje waar ons huis op stond
Is ook ons hart verpand.
Het ligt,dat prachtige gewest,
Daar tusschen Waal en Ryn;
Ja-waarlyk,Neerland op zyn best,
Dat moet de Betuw zyn:

Refrein:

Bloeiende boomen,
Zien we in onz' droomen,
Of sappig fruit,daar in overvloed
vergaard.
Weer gauw te leven
In Betuws dreven,
Dat is toch zeker ons liefste wensch
op aard!

De Betuw heeft zyn eigen pracht:
Het voorjaars bloesemschoon!
De grond heeft welvaart voortgebracht
De veeteelt geeft zyn loon.
Het wegennet doet vriendlyk aan
Het noodigt ieder uit,
En 't heele jaar eet Nederland
Nog jam van Betuws fruit!

Refrein:

e dagen zyn wat wy ze maken.

(Henriëtte Roland Holst-v. d. Schalk.)

Kasteel Hemmen

Kasteel Hemmen wordt ook aangeduid als 'Huis Hemmen', een landhuis dat in 1757 op de fundamenten van een oud kasteel werd gebouwd.

Het landhuis werd na de in dit dagboek beschreven evacuatie tijdelijk heroverd door Duitse troepen en in het voorjaar van 1945 geheel verwoest door het oorlogsgeweld.

Infanterist John A. Davies, van het 2e bataljon van de South Wales Borderers beschrijft de herovering in januari 1945.[40]

In 2013 is het een ruïne in een kasteeltuin die in de periode 1 mei t/m 31 oktober voor publiek vrij toegankelijk is.

Kasteel Hemmen voor de oorlog

---

[40] Zie website: http://www.secondworldwar.nl

Kasteel Hemmen direct na de verwoesting in 1945
anno 2013 zijn nog de fundamenten van het landhuis te zien

Na de oorlog

Uit een getuigschrift van 24 februari 1947 (zie kopie op de volgende bladzijde) blijkt dat Ida Roosendaal nog tot 20 maart 1946 in 't klooster in Tilburg bleef werken waar zij gedetacheerd was door het Provinciaal Bureau Verzorging Oorlogsslachtoffers van Gelderland (dat was ze ook al in Hemmen).

Daarna werd ze overgeplaatst naar het tehuis voor Repatriandi Rhienderstein te Brummen waar zij waarnemend directrice werd.

Vanaf 1953 heeft zij in diverse instellingen voor ouderenzorg de functie van directrice bekleed, waaronder de rusthuizen Sonnenborgh te Leeuwarden, Bethanië te Ede en Braamhage te Soest.

PROVINCIAAL BUREAU VERZORGING OORLOGSSLACHTOFFERS
(P. B. V. O.)

Nr.
Afd. Inrichtingen en Kampen.
Bijl.
Uw ref.
Onderwerp

APELDOORN. 24 Februari 1947.
~~XXbXXXXXXXXX~~ Kastanjelaan 37.
Telefoon 3607

G E T U I G S C H R I F T.

Ondergeteekende B. Israël, Hoofd van de Afdeeling
Inrichtingen en Kampen van het Provinciaal Bureau Verzorging
Oorlogsslachtoffers in Gelderland, verklaart hiermede dat,
Mej. A.I. Roosendaal, geboren 20 April 1911 te Den Helder
vanaf 7 September 1944 in dienst van het Provinciaal Bureau
Verzorging Oorlogsslachtoffers.

Van 7 September 1944 tot 20 Maart 1946 was zij werkzaam als
verpleeghulp in het N.V.H. "Hemmen" te Tilburg. Vanaf 20 Maart
1946 is zij werkzaam in het Tehuis voor Repatriandi "Rhienderstein" te Brummen, waar zij met ingang van 1 Juni 1946 bevorderd
werd tot waarnemend directrice.

In verband met de liquidatie van het Tehuis "Rhienderstien"
wordt aan Mej. A.I. Roosendaal met ingang van 1 April 1947
eervol ontslag verleend.

Zij heeft zich zoowel in de functie van verpleeghulp als
waarnemend directrice met de meeste zorg van haar taak
gekweten. Zoowel haar houding tegenover de patienten als
haar collega's gaf steeds reden tot volle tevredenheid.

Bij eventueele sollicitatie beveel ik haar gaarne aan.

P.B.V.O., Gelderland,
HOOFD AFD. INRICHTINGEN EN KAMPEN,

B. Israël.

Gelieve bij beantwoording datum, afd. en nummer van dit schrijven te vermelden.